JN411871

서른 살에
죽으려고 합니다

김한호

서른살에 죽으려고 합니다

김한호 시집

도서출판 다인아트

서문

스쳐지나가듯이 약속을 하나 했습니다.
서른 살까지 살아있으라는 약속이었습니다.
거절할 수가 없었습니다.
제가 처음으로 좋아하게 된 사람이었거든요.
어쩌면 아직도 좋아하는 사람입니다.

이 약속 한 마디로 인해 제 삶의 방향이 결정되고,
가장 중요한 목표가 생겼습니다.
서른 살까지 살라는 말과 서른 살에 죽으라는 말은
같은 뜻이지 않을까요.

그래서 책을 쓰자고 결심하자마자 떠오른 제목이
'서른 살에 죽으려고 합니다' 였습니다.
이 책이 독자분들의 불행을 흡수하여
그대들의 죽음을 미룰 수 있었으면 좋겠습니다.

2026년
김한호

1부

죽음은 얼마나 집요한 유혹인가

이카로스 • 13
자석 • 14
축복 • 15
싱싱한 절망 • 16
다이빙 • 17
배신자가 되어버린 신자 • 18
요한 • 19
진공 • 20
수장 • 21
둥둥 • 22
지탱 • 23
유턴 • 24
평행세계 • 25
모래성 • 26
나무 • 27
죽음이라는 해방 • 28
버려진 소망 • 29
큐피트 • 30
여명 • 31
신께서는 당신을 사랑하신다 • 32
나무 밑동 • 33
무덤 • 34
벚나무 • 35
가면무도회 • 36
바벨탑 • 37
누가 범인인가 • 38

2부

절망이라는 이름의 아름다운 고통

사랑통 • 41
청춘은 왜 푸를까 • 42
거짓실존 • 43
얼음틀 • 44
우물 • 45
과식 • 46
신이 없는 세계 • 47
루시드 드림 • 48
서커스원 • 49
망작 • 50
불치병 • 51
참이슬 • 52
비틀비틀 • 53
땅바라기 • 54
의무 • 55
독사과 • 56
패배자 • 57
외로운 생일 케이크 • 58
발자국 • 59
상처 1 • 60
상처 2 • 61
상처 3 • 62
푸른 장미 • 63
혐오를 향한 사랑 • 64

3부

절망의 능선을 넘어 너를 찾아가는 길

사랑 여행 • 67
나는 아마 너를 • 68
타임킬링 영화 • 69
모래 얼음 • 70
일인칭 독자시점 • 71
우리 바다를 걷자 1 • 72
우리 바다를 걷자 2 • 73
고래 • 74
알코올 의존증 • 75
상상자살 친구 • 76
공기은행 • 77
염소는 종이를 먹는다 • 78
손끝 • 79
시스투스 알비두스 • 80
투명한 슬픔 • 81
돌덩이 • 82
연인의 반대는 인연 • 83
사랑풍선 • 84
사랑 과외 • 85
성선설 • 86
사투愛鬪 • 87
불로초 • 88
곡예 • 89
배려 • 90

4부

그럼에도 다시 한번 낯선 희망을 위하여

행성 • 93
스마일 • 94
캔버스 • 95
영원호소인 • 96
비렁뱅이 • 97
단순변심 • 98
세공 • 99
신호등 • 100
이용제한가 • 101
애늙은이 • 102
죽음욕구 • 103
웬디는 어른이 되었다 • 104
비의 외침 • 105
할미꽃 • 106
접선 • 107
탱고 • 108
진눈깨비 • 109
초겨울이 봄에게 • 110
행복불량자 • 111
장미울타리 • 112
인질극 • 113
별, 달, 호수, 꽃 • 114
교차 • 115
에필로그 • 116

1부 / 죽음은 얼마나 집요한 유혹인가

이카로스

태양을 향해 질주하다 결국 떨어진 이카로스는
비행 중에 어떤 생각을 했을까?
떨어지는 동안 후회는 없었을까?
태양을 만나기는 했으려나.

나도 같은 길을 걷고 싶다.
결국 녹아내리며 추락할지라도
밝은 빛을 향해 열심히 발버둥 치고 싶다.
가로등이라도 나를 비추어주기를.

자석

결핍의 충돌, 의존의 발산
작열하는 태양빛을 피해 그림자를 찾는 우리

우리는 공통점이 많았다.
우리는 무언가에 쫓기듯이 가까워졌다.

우리는 공통점이 많았다.
우리는 무언가에 잠식되듯이 멀어졌다.

그게 우리가 가까워진 이유이자,
더 이상 가까워질 수 없는 이유야.

친구와 연인 사이
아니, 친구와 연인의 반대

그런 사람들이 있다.
죽기 위해서 사는 사람들

그런 사람들이 있다.
살기 위해 스스로를 죽인 사람들

축복

망각이 신의 배려라면 나 자신을 잊고 싶다.
아무 일도 없던 것처럼 뻔뻔하게 웃고,
아무 잘못도 없던 것처럼 태연자약하게 울고 싶다.
기억은 오직 방어기제로 작용한다.

치매를 앓는 노인이 배우자를 다시 사랑하듯이
하얗게 덧칠한 내가 나를 사랑한다면
그건 분명 축복일 것이다.
나를 사랑하기 위한 필요조건은
나를 잊음으로써 부정하는 것이다.

이 얼마나 자유로운가.
기억의 속박에 벗어난 나는 다시 태어난다.
죽음을 빗겨나간 채로.

싱싱한 절망

절망에는 신선도가 있다.
익숙해질수록 감흥이 죽어가는 것이다.
진정한 의미의 절망이란 정적인 상태가 아닌 변화의 동태.
희망이 절망으로 바뀌는 그 순간이다.
싱싱하고 신선한 죽음의 맛은 어떠한가.

다이빙

저 하늘 위로 올라가고 싶었다.
마치 이카로스처럼
모든 행복을 소비한 뒤 최후를 맞기를 원했다.
문득 시야에 떨어진 동앗줄을 잡았다.
나를 지탱할 수 있는 썩 괜찮은 동앗줄이었다.
툭, 끊어져버린 줄을 공중에 고정한 채 늪으로 빠져버렸다.
익숙한 악취와 출처를 모르는 고깃덩어리들이 나를 반긴다.
그렇지, 이게 원래 내 세상이었지.
동앗줄이랑 같이 떨어졌으면 좋았을걸.
그럼 이루어질 수 없는 희망을 품을 수라도 있었을 텐데.

배신자가 되어버린 신자

신은 죽었다.
유희에 굶주려있던 신은 인간을 만들었고,
열등감에 찌들어있던 인간은 신을 만들었다.
이제 선택할 시간이다.
신을 믿을 것인가 아니면 신이 돼버릴 참인가.
당신은 어느 편에 설 것인가.
그 후로도 스스로 인간임을 자부할 수 있는가?

요한

모두를 사랑하지도, 그렇다고 모두를 증오하지도 못한다.
감정을 거세하니 자아를 강화할 방법을 잃었다.
선악을 규정하지 못하는 것은 당연한 수순.
나는 이곳에 있지만 존재하지는 않는다.
어디라도 좋으니 몸을 뉘일 수 있는 곳을 찾고있지만,
신이 나의 존재를 허락하지 않는다.
아니, 내가 신의 존재를 허락할 수 없다.

진공

무無.
사람도. 시간도. 장소도. 무엇도.
아무것도.
무無가 존재한다면, 나를 그곳으로 보내주련.
나한테는 사람도, 시간도, 장소도, 무엇도 필요 없으니까.
가는 길도 적적한데 무無에서 유有로 바꿔보기나 할까.

수장

해파리야, 어디로 가니? 나도 같이 갈 수 있을까.
어디든 좋아. 육지가 초라하게 보이는 곳이라면.
이쯤이면 되려나. 이제 작별이야.
힘차게 나아가렴. 난 이제 좀 쉴게.

내가 물이 되어 가고 있다.
투명한 해파리처럼.

둥둥

둥둥.
그저 둥둥 떠다니는 해파리.
햇빛을 친구 삼아 달빛을 위로 삼아
삶과 죽음의 경계도 정의도 없이 그저 둥둥.
존재가치의 의문과 자기 위로가 필요 없는,
선악, 합리화, 타협, 권위와 굴복이 없는,
인간 사회와 전면으로 결별한 해파리가 되고 싶다.

지탱

살아있기도 버거운 사람한테 살아가라니,
그게 될 턱이 있나.
오늘의 나를 죽이면 내일의 나도 죽을 것이다.
나에게 살아간다는 것은 이러함이다.
삶을 지탱하는 죽음, 죽음을 담보하는 삶.
그대도 한번 생각해 보아라.
삶과 죽음은 하나가 아닌가.

유턴

처음부터 이럴 생각은 아니었는데
참 멀리도 왔다. 우리.
이 정도면 충분하잖아.

나 이제 그만 살고 싶은데
그냥 같이 죽어주면 안 될까.

너를 보기 위해서 사는 오늘이 지겨워.

평행세계

철컥, 끼이익!
다녀왔습니다.
이번 세계는 좀 별로였네요.
네? 생각보다 빨리 왔다고요?
에이~ 알면서
빨리 돌아오려고 좀 뛰었어요.
이번 죽음은 상큼한 쇠 맛이 나더라고요.

모래성

놀이터를 걸어보았다.
나도 그때는 웃었는데,
문득 바닥을 내려다보니
모래는 왜 바스라질까 하는 생각이 들었다.
내가 모래성에서 살았다면 언젠가 바닥이 무너졌을 텐데.
저 어딘가로 떨어져 묻혔을 텐데.
흔한 죽음이라 다들 감흥도 없었을 텐데.

나무

꽃은 자기가 곧 시들 거라는 걸 알고 있었을까.
단풍은 자기가 곧 밟힐 거라는 걸 알고 있었을까.
열매는 자기가 곧 잡아먹힐 거라는 걸 알고 있었을까.
나무는 이 모든 걸 알고 있을까.
어렸을 때의 나는 지금의 내가
시들고, 세상에 밟히고, 충동에 잡아먹힐 줄
알고 있었을까.
나무는 이 모든 걸 보고 있을까.

죽음이라는 해방

엄마가 죽었다.
갑자기.
엄마가 죽은 거실에는 채 마시지 못한 커피가 남아있다.
조금 쓰다.
마음에 드네.

버려진 소망

소망.
무언가가 일어나기를 바라는 것.
반대로 말하자면,
일어날 수 없는 일의 실현에 목을 매는 것.
소망은 달을 향해 뻗는 손과 같다.
달을 가지려 손을 뻗으면 오히려 달빛이 가려진다.
오늘도 나는 살기 위해 죽음을 소망한다.

큐피트

사랑의 방정식은 불변인가.
모든 전쟁은 사랑의 풀이를 정의하기 위해 발발했다.
사랑의 화살은 왜 땅에 박히는 것이며,
사랑으로 쌓은 성은 어찌 이리 흉물이고,
사랑의 성은 왜 죽음과 같나.

여명

여명이 머지 않았습니다.
그게 무어든
우리에게 할당된 시간도 거의 남지 않았겠네요.
이만 말을 닫겠습니다.
그리고 두 눈을 포개어 그대에게 드리겠습니다.
대신 잠깐 무릎을 빌릴 수 있겠습니까.
슬며시 다가온 햇살을 그대와 함께 만끽하고자 합니다.

신께서는 당신을 사랑하신다

아침은 오지 않아.
이 세상에는 빛이 없으니까.
참 마음에 드는 곳이야.
그러니까 우리가 없애버리자.

자, 들어. 내가 신호하면 그 때 서로 찌르는 거야. 알겠지?
그럼 시작하자.

푹푹푹푹푹푹푹푹푹푹푹푹푹푹푹푹푹푹푹푹푹푹푹푹
푹푹푹푹푹푹푹푹푹푹푹푹푹푹푹푹푹푹푹푹푹푹푹푹
푹푹푹푹푹푹푹푹푹푹푹푹푹푹푹푹푹푹푹푹푹푹푹푹
푹푹푹푹푹푹푹푹푹푹푹푹푹푹푹푹푹푹푹푹푹푹푹푹
푹푹푹푹푹푹푹푹푹푹푹푹푹푹푹푹푹푹푹푹푹푹푹푹
푹푹푹푹푹푹푹푹푹푹푹푹푹푹푹푹푹푹푹푹푹푹푹푹
푹푹푹푹푹푹푹푹푹푹푹푹푹푹푹푹푹푹푹푹푹푹푹푹
푹푹푹푹푹푹푹푹푹푹푹푹푹푹푹푹푹푹푹푹푹푹푹푹
푹푹푹푹푹푹푹푹푹푹푹푹푹푹푹푹푹푹푹푹푹푹푹푹
푹푹푹푹푹푹푹푹푹

58번 세계 '아마데우스'는 이렇게 완결이 났답니다.
마지막 페이지를 비워 놓은 채로.

나무 밑동

열 번 찍어 안 넘어가는 나무 없다던데,
아무도 나무 생각은 안 한다.
한 번의 도끼질만으로도 눈이 떨릴만큼 고통스러운데
열 번이나 반복된다니,
나라면 그냥 뛰어내릴 것이다.
하늘을 향해 뻗어가지만 땅으로 떨어지는 모습이
우리와 닮지 않았나.
우리도 한 때는 하늘을 향해 팔을 뻗지 않았던가.
지금과는 다른 깨끗한 모양이었잖나.

무덤

흙냄새가 고소하니 여기가 좋겠다.
빛은 안 들지만 시원하니 신나게 땅을 파자.
비는 안 오지만 촉촉한 흙을 쥐어짜며 갈증을 달래자.
새 집이 만들어졌으니 삽은 버리고 다시 흙을 덮자.
근처에는 벌레들 집뿐이니 편히 쉴 수 있겠다.
비석 대신에 누군가가 준 인형이 하나 놓아져 있다.

벚나무

어여쁜 아이는 어느새 어여쁜 어른이 되었고
봄이 지난 벚나무는 향을 잃었다.
무채색의 벚나무에 동아줄을 매달았다.
동아줄에 기대를 잔뜩 품은 채 목을 걸었다.
언제나 그랬듯 끊어지는 썩은 동아줄
발은 땅을 밟고 시선은 높아진 하늘을 향한다.
낙엽 한 장이 흩날린다.

가면무도회

정적이라…
이리 아름다운 운율의 춤선이 또 있나.
낮에는 태양이, 밤에는 달이
80억 명의 관중 앞에서 무대를 누빈다.
이 무도회가 끝나도 둘은 가면을 벗지 않겠지.
난 이만 퇴장하련다.
다들 와인을 마시고 파트너와 춤을 추며
즐거운 시간들 보내세요.
저는 이만 가면과 턱시도를 벗고
원래 자리로 돌아가겠습니다.

바벨탑

이야기의 탑을 쌓을 것이다.
누구에게도 무너지지 않을 견고하고 당당한 탑을.
탑을 쌓고 그 안에서 모닥불을 피울 것이다.
이야기로 나를 질식시킬 것이다.

작품이 작가의 손에서 떠나는 순간을
우리는 완결이라 부른다.
내 이야기의 완결은 언제일까.
나는 언제쯤 내 손을 떠날까.

눈이 오는 걸 보니 머지않은 것 같다.

누가 범인인가

상처 입는 사람도 나, 상처 입히는 사람도 나
범인은 누구인가.
누구를 잡아가야 이 순환의 교차가 끊어질까.

경찰 아저씨, 저를 잡아가세요.
제발 저를 잡아서 평생 가둬주세요.
아니에요. 제가 진짜 범인이에요.
두 개의 나는 앞다투어 자신의 소멸을 주장한다.
귀찮다, 그냥 둘 다 사라져 버려!

벌어진 살결이 봉합된다.

2부

절망이라는 이름의 아름다운 고통

사랑통

아픈 사랑이라지만, 그래도 사랑이잖아요.
내가 입원하면 그대가 직접 병원이 되어주세요.
제 부목이 되어주시고 저에게 입술을 꽂아주세요.

아프고 아프고 또 아파서 수술을 받아야겠어요.
저의 내면을 파헤쳐주세요.

돌팔이 의사지만 뭐 어쩌겠어요.
마취도 제대로 못 하지만 아픈 건 익숙해요.
자, 이제 난도질을 해주세요.

청춘은 왜 푸를까

푸를 청 자를 써서 그런지, 푸르기에 푸를 청 자를 쓰는지.
뜨거운 영원을 쥐었다 차가운 순간에 가슴 박힌다.
나의 청춘을 붉게 덧칠한 모든 이에게 감사한다.
덕분에 기대를 잊었으니, 덕분에 실망을 잃었으니.
다시 한 번 묻겠다.
청춘은 왜 푸를까.

거짓실존

진짜보다 진짜 같은 가짜.
진실임을 호소하는 거짓들의 무리.
기억을 뒤틀어버리는 망상의 집약.
가짜, 거짓, 망상.
나를 표현하기에 부족함이 없어 보인다.
허나 저들이 형체를 가졌을 때,
나는 과연 나로 존재하는가.

얼음틀

얼음도 하나의 사회가 아닐까.
틀 안에 갇혀 모두가 비비적거리다가
녹아내리면 모두 뿔뿔히 흩어지니까.

갇혀 있기에 냉동고는 너무 추웠다.
온기를 나누기 위해 붙어있더니 얼음이 되어있더라.

언제부터였을까.
물로 태어난 우리는 자유로웠다.
자유로운 자유를 위해 힘을 합쳤는데,
그 결과가 얼음이라니.

간곡히 부탁드립니다.
녹기 전에 씹어서 부서트려주세요.
자유를 위해 우리를 망쳐주세요.

이제 됐어,
선택했으니 난 자유인 거야.

우물

우물 안의 개구리.
평생 우물 밖의 세상을 모르는 채로 살다가 죽겠지.
하지만 그게 무슨 상관인가.
여기가 내 세상이야.
어차피 밖에서도 우물 안이 안 보이잖아.

과식

뇌가 성실하니 불필요한 기억이 넘친다.
뇌를 태워버리자.
뇌를 구워서 후추를 뿌리고
나이프를 들고 냠냠쩝쩝 먹으면 끝.
오늘도 맛있는 한 끼의 불행.
이미 배부르다고.
제발.

신이 없는 세계

긍정을 부정하고, 부정을 긍정한다.
아름다운 것을 기피하고, 잔혹한 것을 반긴다.
신이 정말 존재한다면,
정말 우리를 사랑한다면,
왜 나를 구원하지 않았을까.
왜 나는 신이 존재하지 않는 세계를 살고 있을까.

루시드 드림

오늘은 어떤 꿈을 꿔볼까.
아 즐거워라 나만의 상상의 세계.
오늘은 얼마나 뛰놀아야 눈을 뜰까.

오늘은 어떤 하루를 보내볼까.
아 고달파라 나만의 현실의 세계.
오늘은 얼마나 망가져야 잠에 들까.

내 꿈은 어디에 있을까.
닿을 수 없는 상상과 닿을 수밖에 없는 현실 사이에서
숨바꼭질을 시작해 볼까.

서커스원

흔히들 말한다.
흰 도화지에 너만의 인생을 그려나가라고.
개성은 뿜어지듯 날아올랐다가 벼락처럼 추락한다.
나의 개성은 사회 단위에서 배척당하는구나.

원숭이가 되어야겠다.
먹이를 주면 받아먹고 재롱을 피워야겠다.
해파리는 오늘부터 과일을 먹기로 했다.

망작

상투적인 불행. 그게 다였다.
상투적인 행복. 그거면 되었다.
왜 나는 이리도 간결하게 망가져야만 했는가.
왜라는 의문이 들 때, 스스로를 바라봐.
너의 고통은 결핍이 아닌 상실에서 온다는 것을.

불치병

한 편의 영화를 보았다.
내가 주연인, 내가 감독인.
환자가 치료를 포기하니 의사는 신념을 져버리더라.
부탁하건대 다른 이들은 보지 말길 바란다.
공감할 수 없는 아픔이 가장 아프니까.
공감한다면 당신에게는 지루한 이야기일 테니까.

참이슬

욕구와 감정을 거세한 삶.
오로지 불행을 피하기 위해 행복을 내던진 삶.
밋밋하고도 무서울 정도로 고요한 하루하루.

밤에 맺히는 이슬만이 속마음을 알고 있구나.
짠이나 할까?

비틀비틀

고통에는 관성이 있다.
브레이크가 고장난 고통은 좌우로 휘청이며 나아간다.
한참을 방황하더니 한 바퀴를 돌아
제자리로 돌아오더라.
이 빌어먹을 도로를 뜯어고치고
저 멀리로 떠날 수 있는 길을 만들고 싶다.
이 싹수없는 좌뇌의 고통을 끊기 위해서라면
무엇을 못 하리.

땅바라기

그늘을 바라는 어리석은 해바라기 한 송이가 있었다.
이 별종은 햇빛을 싫어했다.
꼬리를 무는 고민 끝에
자신이 그늘이 되자는 어리석은 답을 내렸다.

고개를 숙여 땅을 본 순간 이 아이는 이름을 잃었다.
동그란 태양 대신 동그란 개미굴이 보였다.
해바라기라는 이름에 갇힌 세상의 밖을 보았다.
이 아이는 자신를 땅바라기라고 이름 지었다.

의무

"너는 부모님을 사랑하지 않아?"
"네."
"그럼 부모님은 너를 사랑해야 한다고 생각해?"
"예전에는
부모가 자식을 사랑하는 건 의무라고 생각했어요.
하지만 이제는 아닌 것 같아요.
사랑하지 않아도 돼요.
대신에 자식은 자기가 사랑받는 줄 알아야 돼요."

독사과

반복된 결핍은 신의를 저버리고,
극에 달한 외로움은 의심을 무시한다.
백설공주가 먹었던 그 사과는 꽤나 달았겠지.

패배자

전쟁은 평화를 위한 것이라는 말은 자기 위로가 아닐까.
승자는 원했겠지만,
패자는 강제로 주입받은 평화가 아닌가.
나는 졌다.
내가 이겼기 때문에 나는 졌다.
대가리를 열고 평화를 뇌수에 담갔다.
잉크는 번지고,
젖어서 흐물흐물해진 평화는 갈기갈기 찢어진다.
나는 이걸 원했다.
바보 같은 녀석.
내가 이겼다.

외로운 생일 케이크

가족들 앞에서 초를 불었다.
'이만 날 끝내주세요.'
나 혼자서 초를 불었다.
'모두의 기억에서 사라지고 싶어요.'
소중한 사람들 앞에서는 그들의 행복을 빌고 싶었다.
하지만, 그 초는 내 앞에 오지 않았다.

발자국

새하얀 연기를 뿜으며 길을 나선다.
옅은 회색빛 세상이 눈앞에 펼쳐진다.
추위 속에서 아늑함을 찾아 헤매던 나는
검은 하늘을 올려다본다.

오늘도, 오늘도 또 억지로 지겨운 이 길을 밟는다.
나는 올바른 방향으로 가고 있는 걸까,
나야 모르지.
아니, 알고 싶지 않은 걸 수도.

계속해서 발에 채이는 걸리적거리는
이것은 분명 누군가에게는 즐거움이겠지.

문득 뒤를 돌아본 나,
밝은 세상을 검게 덧칠했음을 깨닫는다.
다행이라는 생각이 들었다.
나와 타인의 세상이 회색빛으로 수렴한다는 것에.

겨울은 몸의 상처를 가려주지만,
마음의 상처를 더욱 저리게 만든다.

편안하다.
어차피 내 마음은 원래 겨울이었으니.

상처 1

교류의 전류가 끊긴 시점.
허무함으로 만든 갑옷을 입는다.
무겁고 두꺼운 견갑은 내 무릎을 꿇린다.
겨우 딛고 일어선 나, 신발은 이미 찢어진 지 오래다.
내 칼은 무형의 적을 베고 나는 승리에 젖는다.

오늘도 상처가 하나 늘었다.

상처 2

붉은 물이 쏟아지는 폭포가 이내 검게 굳는다.
정신없이 또렷해진 뇌가 이완을 반복한다.
호흡을 가다듬으니 비린내가 올라온다.
몇몇은 무리 지어 형태를 이룬다.
여과 없이 쏟아져내린 게 억울한가 보다.
다음에는 좋은 주인을 만나기를 빈다.

오늘도 상처가 하나 늘었다.

상처 3

방황하는 감정을 글로 정돈하였다.
피와 칼은 몸과 호흡을 제 위치에 두었다.
내 몸에서 나왔다는 게 믿기지 않을 정도로 따듯했다.
책임을 단절한 쾌락이 나를 안내하였다.

오늘도 상처가 하나 늘었다.

푸른 장미

푸른 장미의 꽃말은 불가능에서 기적으로 바뀌었습니다.
푸른 장미가 숨을 쉬는 모습이 마치 태아와 같아 보입니다.
하지만 기적이 기적인 데에는 이유가 있나 봅니다.
불가능한 상상을 주로 기적으로 여기니까요.
제가 행복하다는 기적은 오늘도 소식이 없습니다.

혐오를 향한 사랑

인간의 가장 큰 행동동기. 사랑.
기술의 근본적인 존재 이유. 사랑의 확대.
같은 걸 원한다고 모두가 평등한가? 그럴 리가.

혐오와 사랑이 뒤죽박죽인 현대사회에서
서로를 혐오스럽게 사랑하는,
서로에게 비친 자신의 모습을 혐오하는.
우리는 과연 서로를 사랑할 수 있을까.

3부

절망의 능선을 넘어 너를 찾아가는 길

사랑 여행

너의 상처를 꿰맬 수 있다면 사막에서 바늘을 찾겠다.
너의 마음을 채우려면 그게 바다라도 메우겠다.
너의 숨이 따듯해지려면 숲을 지어주겠다.
너의 몸이 숨을 수 있다면 동굴을 만들어내겠다.

너를 찾기 위해 온 세상을 뒤져왔다.
사막도 바다도 숲도 동굴도 다 시시하더라.
그저 뒤 한 번 돌아보면 됐는데,
그저 해를 따라 그림자를 보면 됐는데.

나는 아마 너를

너의 이름이 생각보다 흔하다는 것을,
캠퍼스가 그닥 예쁘지 않다는 것을
그 때는 몰랐다.

그 식당에서 어떤 음식을 먹었는지,
너가 제일 좋아하던 음료의 맛을
이제는 모르겠다.

너와의 첫 만남과 마지막 만남을,
너의 집에 가는 버스 번호를
모르게 될 것이다.

나는 너를 좋아한다고 말했어야 했다.

타임킬링 영화

미래의 시간은 자르고, 과거의 시간은 태웠다.
엉망진창이 된 테이프로 상영된 영화.
관객도 엉망진창이 되어 팝콘을 던지지만,
이를 주워 먹을 수는 없는 노릇.
그냥 방치하기로 했다.
근데 웬걸
누군가 나타나 관객이 던진 팝콘을 받아먹는다니
일단 고맙지만 왜 이런 짓을 하는지,
하지만 너무 많이 먹었나 보다.
그 누군가는 팝콘을 다 토해버렸다.
내 인생의 쓰레기를 받아먹었다가
새로운 쓰레기를 만들고 떠난 범인.
아무래도 나를 사랑하고 버린 사람.
이럴 거면 차라리 같이 팝콘을 던졌어야지,
이건 또 누가 언제 치우려나
날 사랑해 줘서 밉다.
바보.

모래 얼음

모래알을 씹었다.
퍼석퍼석하니 네가 떠오르더라.
어릴 적에는 모래만 가지고도 잘만 놀았었는데,
손에서 사르르 녹는 모래처럼 끈적하게 녹아버린 사랑.
모래 속에서 소라고동을 찾을 수 있을까.
둘이 항해했던 그 뱃소리를 다시 들을 수 있을까.

일인칭 독자시점

만약 당신의 이야기를 한 권의 책으로 쓴다면,
나는 어느 페이지에 등장할까요.
나는 어떤 장면에서 어떤 역할을 부여받을까요.
가능하다면, 많은 비중과 문장을 차지하고
당신의 독백 대부분이 나를 향하기를 바랍니다.

아니, 사소한 역할이라도 좋습니다.
아무도 기억 못 하는 이름조차 없는 엑스트라라도
기쁘게 받겠습니다.
대신 이기적인 소망을 빌어보겠습니다.

저는 단지 독자가 웃으면서
이 이야기를 읽었으면 좋겠습니다.
풍부한 감정을 느끼며
책을 여행하고 있는 독자의 모습을 상상해 보니
마치 제가 작가라도 된 듯 선웃음을 지울 수가 없습니다.

마지막으로, 이야기의 독자가 저 하나이기를 바라봅니다.
부디 오직 저를 위한 이야기를 보여주세요.

우리 바다를 걷자 1

그저 바닷가를 걷고 싶었을 뿐인데,
그저 너의 손을 잡고 싶었을 뿐인데,
내 방과 손에 석양이 마중 나왔다.
바닥은 붉은빛의 바다가 되었고
붉게 물든 손은 차마 너를 향할 수 없었다.

그저 바닷가를 걷고 싶었다.
그저 너의 손을 잡고 싶었다.

우리 바다를 걷자 2

우리 이번에는 바다에 가자.
손을 맞잡고 모래사장을 걷자.
한 줌의 물을 흩뿌리며 장난도 치고
괜히 멋있는 척을 하며 하늘과 바다를 바라보자.
돌아와서는 포근한 침대에 누워 아늑한 얘기를 하자.

우리 이번에는 바다에 가자.
무아지경의 상태로 물에게 인사하자.
물고기를 허리에 두르고 목에는 파도를 걸자.
아무 말도 필요 없다는 듯이 서로의 웃음을 느끼며 걷자.
그러게 끝까지 들어가는 거야.
끝까지.

고래

고래를 보자고 약속했잖아.
바다에서는 모두가 모이는데,
왜 나만 좁아터진 방에 혼자일까.

향유고래는 오늘도 평안하겠지.
바다는 넓고 고요한데,
왜 내 마음은 시끄럽게 찌그러질까.

돌고래는 오늘도 신나겠지.
바다는 밝고 활기찬데,
왜 내 마음은 어둡게 가라앉을까.

고래를 보자고 약속했잖아.

알코올 의존증

불행을 안주 삼아 불행에 안주한 삶아,
오늘도 적셔보자고.
내가 직접 만든 술을 가져왔거든.
손목이랑 눈에서 나온 것들을 모아서 술을 담갔어.
기억에서 나온 것들을 모아서 안주도 만들어 놨어.
안 마셔도 되니까 짠만 해줘.
잔이 비면 통째로 꽈득꽈득 씹다가
병이 비면 깨트려서 핥아 먹어야지.

상상자살 친구

도망치듯 잊힌 분명 즐거웠던 꿈처럼
너도 영원하지는 않겠지.

그게 무서워서 약속인 척 부탁을 했어.
같이 죽자고, 그러니 함께하자고,
영원은 없어도 평생은 있으니까.

근데 그래도, 그래도, 너는 살아주라.
그래야지 내가 마음 놓고 죽을 수 있을 것 같아.

공기은행

숨을 빚졌다.
청산하듯이 거친 숨이 들이닥친다.
감당할 수 없는 파도의 침범.
나 혼자만의 공간이 이완한다.
무한한 우주에 나밖에 없다.
너의 위로가 듣고 싶었다.
그러나 무한한 우주에 나밖에 없다.

염소는 종이를 먹는다

마음에 어둠이 있는 사람들은 서로 끌리고,
더 어두운 쪽이 상대방을 잡아먹는다.
우리는 거짓말처럼 마음을 열었고
서로를 가지려는 욕심을 품었다.

잘 먹었습니다.
그대의 불행도 달달하게 느껴지는군요.
오랜 시간 숙성한 덕에 풍미가 더욱 깊습니다.
흡수할 수 없는 영양소지만 소화는 해보겠습니다.

손끝

너에게 나를 섞고 싶었다.
서로가 된다면 우리는 건물 숲을 벗어난 들판에 있고
밀림과 정글도 돌파할 수 있다고 생각했다.

그렇게 생각했었다.
가뭄이 들판을 점령하기 전까지는.

우리는 섞일 수 없었다.
마치 물과 기름처럼 세상이 우리를 나누어 놓았다.
닿을 수는 있지만 포개어지지 못했다.

그래도 괜찮아.
한 폭이라도 닿았으니까
마지막 한 점까지 서로를 놓지 말자.

세상은 우리를 나눠 놓았지만 우리는 서로를 놓지 않았다.

시스투스 알비두스

요동치는 분신에도 고통은 없다.
지옥의 불길이 아닌 그대의 포옹이니까.
그렇게 검은 재가 되어 쌓인다면,
선바람에 훠이훠이 날아가리라.
가루가 된 나를 바쳐 만개한 꽃을 그대에게 뿌리리라.

투명한 슬픔

너의 장례식에서는 곡소리 대신 노래를 부르려 한다.
사라지는 게 아닌 흩어짐이라 여길 것이다.
너의 죽음은 각별히 슬플 테니까,
죽음에 의미를 두지 않을 것이다.
네가 사라진 시점에 이 세상은 의미가 없기에
슬퍼하지 않을 것이다.
너무나도 슬프니까.

돌덩이

굴러온 돌이 박힌 돌을 빼내도
통로가 막혀있는 건 똑같더라.
박혀있던 돌은 내 보금자리에 정착해 침대를 차지했다.
휴식을 취할 공간이 없어졌다.
나의 유일한 휴식이었던 네가 없어졌다.
차디찬 돌을 끌어안으며 너의 온도를 찾아 헤맨다.

연인의 반대는 인연

친하다는 말로는 설명이 부족한
우리의 관계는 어떻게 정의 내려야 할까.
껴안고 자면서도 손은 못 잡는 게 웃기기만 하다.
우리는 비밀이 없기에 너한테는 숨길 게 많았다.
가장 가까웠기에 문을 닫았다.
모순 가득한 관계.
참 우리답다.

사랑풍선

둥실거리는 사랑을 향해 손을 뻗는다.
살짝 미끄러진 사랑은 하늘을 떠돈다.
풍선마냥 떠오르다 터져버린 사랑.

너마저도 사랑하지 못한 내가
사랑이란 걸 할 수는 있을까.

사랑 과외

사랑, 어딜 가도 있지만 우리에게는 없는 무언가.
사랑, 어딜 가도 없지만 우리에게는 있는 무언가.

사랑은 서로의 장점을 자랑하는 게 아니라
단점이라는 조각으로 퍼즐을 맞추어나가는 것.
피에 적신 조각으로
우리라는 퍼즐을 완성할 가능성은 제로.

사랑은 어렵다. 그래서 원한다. 그러나 줄 수가 없다.
뭘 시킬라면 방법은 알려줘야지.
사랑을 받는 방법은 모르겠다.
사랑을 주는 방법도 모르겠다.

상시 모집합니다.
나한테 사랑을 알려주세요.
교육비로 저를 드릴게요.

성선설

앞으로 가나 뒤로 가나 맞는 길이면 된 거지.
네가 정말 좋은 사람이어서 고맙고,
생각보다 좋은 사람은 아니라 다행이야.
본성이 착한 사람이 오히려 악역을 잘 한다잖아.
옳은 길을 아니까 반대로 걸을 수 있는 거지.
너 참 나쁠 정도로 좋다.

사투愛鬪

우리의 만남은 조종당하는 것처럼 성급했다.
우연은 인연이 되고 종국에는 연인이 된다.
호감의 방향성을 알기도 전에 조급하게 성사된 만남.
이제와서 뭐가 중요할까.
구겨진 종잇장을 던지며 말한다. 올인.
어차피 잃을 것도 없지 않은가.

불로초

영원한 대화 속 짧은 침묵
공유된 동질감이 형태가 되어 달라붙는다
너와 나는 불안정하다
그래서 우리는 서로가 되었다
우리는 여전히 불안정하다
서로를 끌어안아 공백을 없애면
우리는 하나가 되어 시든다.

곡예

과거와 만나고 현재를 껴안고 미래를 손잡은 우리.
서로가 아닌 각자로는 존재할 수 없는,
위태롭기에 안정적인,
매듭짓지 못한 이름 없는 모순적인 관계.
이보다 더 짜릿한 곡예가 있을까.

배려

반대의 삶을 살았던 우리가
한 바퀴를 돌아 여기서 만났네.
서로의 첫인상이 지금과 반대였던 건
누구를 위한 배려였을까.

4부

그럼에도 다시 한번 낯선 희망을 위하여

행성

광활한 우주의 흐름 속에 속해 있는 저 별들은
누구를 향해 빛나고 있는 걸까요.
어쩌면 저 별들은 외로웠을지도 모르겠습니다.
그러니 스스로를 태우고,
우주의 누군가가 자신을 보기를 바랐을지도 모르죠.
제가 만약 별이 된다면
별똥별이 되어서 그대 앞에 나타나겠습니다.
저를 보며 소원을 빌고,
그 순간을 기억할 수 있기를 바랍니다.

스마일

하나, 둘, 셋, 스마일~!
우리는 사랑을 했고, 입이 항상 귀에 걸려있었다.

하나, 둘, 셋, 치즈~
우리는 사랑을 했고, 입을 다물 생각이 없었다.

하나, 둘, 셋, 점프
우리는 사랑을 했고, 입을 맞추며 뛰어내렸다.

그렇다. 우리는 사랑을 했다.
우리는 사랑을 했고, 그거면 됐다.

캔버스

나무토막에 기대어 겨우 버티는
한 폭의 캔버스 속의 그대
뒤로 기울어져 있기에 언제나 그렇듯
한 발짝 굽히듯 안기로 합니다.

그동안 나를 향해 수없이 미소를 지어주었지만
재현해 내지 못하는 제 손과 뇌가 원망스럽기만 합니다.

저를 품을 때 그대는 어떤 표정을 그렸을까요.
저의 그림과 비슷한 색일지도 모르겠습니다.

그대의 부드러움을 훔쳐 유화로 펼쳐보았지만
이내 굳어서 건조해지더군요.
그대도 그랬을까요. 건조한 표정을 지었을까요.

나를 안았을 때 그대가 미소지었기를 기도해 봅니다.
동정으로 조각한 표정이었다면
지금이라도 사과의 작품명을 고민하겠습니다.

영원호소인

언제쯤 내 마음에 안정이 올까.
세상에 영원은 없다지만
내 비스듬한 시야에는 영원이 펼쳐진다.
약을 끊기에는 스스로가 사무치게 두렵다.
꿀꺽. 오늘도 무명의 고체들이 목을 틀어막는다.
행복을 외치고 싶지만 잠긴 목은 이를 허락하지 않는다.

아아 신이여, 세상이여, 지나간 추억과 사랑이여
나에게 평안을 다오.
분명 존재하는데 왜 가질 수 없는 것인지 알려다오.

비렁뱅이

늘어진 비렁뱅이,
쏟아지듯이 걸음을 걷는다.
휘청거리는 눈은 사물을 포착하지 못하고,
차게 식은 목은 갈라진 소리만을 뱉는다.
비렁뱅이만도 못한 삶.
계속 이어나갈 자신도 이유도 목적도 없지만
오늘도 밤이 밝았다.
어제 죽지 않았으니.

단순변심

인생은 왜 환불이 안 될까.
영수증이 여기 떡하니 있는데
한 여자의 배에 흉터로는 부족한가보다.
그 흉터의 의미는 어디 있단 말인가.
내 흉터의 의미는 어디 있단 말인가.
흉터가 흉터를 낳았다.
왠지 모르게 간지러운 하루다.

세공

불안정한 불행의 굴곡 사이 엉켜 붙은 사랑,
광석을 쪼개어 보석을 만들듯
순수한 사랑만을 남기려 합니다.
떨어지는 한 톨의 사랑마다 아깝기만 합니다.
이제 세공을 할 차례입니다.
그대를 닮은 별을 조각하겠습니다.
희생되는 한 톨의 사랑마다 고맙고 아깝기만 합니다.
불순물이 범벅된 사랑에서 순수한 사랑의 결정체까지
크기가 줄어도 단단하고 예쁜 사랑.
이것이 우리의 일대기입니다.
오늘은 마치 밤에도 해가 뜬 기분입니다.

신호등

청록색 위에서 춤을 춰볼까요
푸른 들판이 펼쳐져 있는 이곳에는
붉은 노을도, 노란 태양도 없지만
어디서든 어디로든 건너 다닐 수 있어요

노란색 위에서 춤을 춰볼까요
푸르른 산에 단풍은 없지만
은행나무가 앞다퉈 줄을 서있네요
우리 조금 더 속도를 높여서 뛰어가 봐요

붉은색 위에서 춤을 춰볼까요
노란 벼가 고개를 숙일 때,
푸른 나뭇잎이 우리를 푹신하게 안아주네요
우리 잠시 멈추고 누워서 쉴까요

이용제한가

왜 어리다고 술을 못 마시게 해요?
인생이 쓰면 술이 달다면서요.
저도 달아보고 싶단 말이에요.

우리도 이슬 맺힌 새벽의 강아지풀이 될 수 있는데,
고작 간지러움만 남기고 끝나버렸네요.
그냥 긁으면 해결 되는 줄 아시나봐요.

긁다 보니 피가 나요.
이거는 어떻게 닦아요?

애늙은이

이 도시의 별 없이 밝은 밤을 항해하는 애늙은이.
비틀거리면서도 눈 앞에 빛을 강박적으로 쫓는다.
허나 그는 해가 떠도 어두운 도시에 살고있다.
밤에 빛이 있는 게 어색하다는 걸 깨닫기에는
꽤 오랜 시간이 걸렸다.

죽음욕구

문득 그런 생각이 들었다.
모든 생물의
가장 원초적이고 본능적인 욕구는 생존 욕구이니
자살이야말로 가장 이성적인 선택이 아닐까?

하지만 인간의 욕구는 이성을 짓누르기에
나는 오늘도 살아있다.
아마도 내일도.

웬디는 어른이 되었다

당신도 산타를 믿었던 때가 있었나요.
동심은 바보 같기에 사랑받는 것 같아요.
동화가 동화인 이유는
동화의 내용이 아름다워서가 아니라
그 책을 읽을 때의 우리가 아름다웠기 때문이니까요.

어른이 된 당신은 산타를 믿나요.
제가 나쁜 아이여서 산타를 못 본 걸까요.
아니면 한 편의 동화 같은 허구 속의 존재였을까요?

허구가 진실이 될 때,
글씨가 들썩이고 단어가 통통 튀고 문장이 춤을 추며
책은 하늘을 유람할 거예요.
제 글이 형태를 초월하여 당신에게 무언가를 남긴다면
더없이 기쁠 거예요.

비의 외침

가슴이 시린 걸 보니 비가 오려나보다.
비는 왜 항상 예고를 하고 내릴까.
비도 외로웠으려나.
자기를 반겨주기를 바랐으려나.
식물은 말이 없고,
동물은 비를 피해버리니.
나라도 조금 안아줘야겠다.
오늘은 마음껏 젖기로 하자.

할미꽃

나는 할미꽃이 좋다.
화사함과는 거리가 먼 소박한 외형.
하늘을 모르는 채로 평생 땅만 보면서 살겠지.
하지만 그래도 피었잖아?
구름을 느끼진 못해도 땅과 노래하고,
나비를 만나진 못해도 개미와 춤을 추겠지.
남들이 보기에는 불쌍하고 측은해 보이더라도
그럼에도 결국 꽃을 피워낸 할미꽃이
나는 좋다.

접선

각자의 삶을 살다가 이따금씩 스쳐 지나가는 게
건강한 관계라고 생각했다.
너를 알기 전에는.
용건이 없어도 목소리를 담고 싶다.
시간이 허락한다면 겹치고 싶다.
안아달라고 어리광 부리고 싶다.
평생 함께하자고 소리치고 싶다.
친구라는 벽이 너무 높다.
그렇다고 이 머저리는 고백도 못 한다.
널 가지려는 노력도 안 하면서
푸념만 늘어놓는 상머저리다.
이기적인 나는 그러면서도 내 마음을 알기를 원한다.
평행한 선율을 꿈에서라도 기울이고 싶다.

탱고

나만 놓으면 끝나는 관계일 것 같아 한 번 놓아보려고 한다.
선악과를 씹다 뱉는 꼴이겠지만
확인을 위해서라도 출혈을 감수해야겠다.
신도 지혈할 수 없었던 피의 범람을 막은 너였지만
아무리 단단한 방파제도 언젠간 무너지기 마련이니까.
소심하지만 대담하게 두드려보기로 했다.

진눈깨비

사랑과 반가움을 실은 새하얀 것이 착륙한다.
정체 모를 설렘과 힘껏 수축한 행복이 거리에 가득하다.
눈, 눈이다. 그렇구나. 눈이네.
나도 행복을 느껴보고자 이내 한 줌 쥐어보았지만
금세 어딘가로 사라져버린다.
눈으로는 나를 행복하게 할 수 없는 것인지,
고작 눈에 기대어보려고 했던 내가 멍청한 건지.

초겨울이 봄에게

당신과 함께 한 모든 첫 순간들은
마지막 계절인 겨울에서 시작하였습니다.

항상 당신을 안으면 맡았던 알싸한 향기는
이번 제 겨울의 전부였습니다.

이제 목련으로 부풀 밤들
사윈 꽃잎들이 당신의 입술 같아서 지울 수 없기에,
그것들 하나도 빠짐없이 모두 주워

사랑이라고 불러보아도 될까요.
봄이라고 불러도 될까요.

행복불량자

불행이 한도를 초과했다.
갚을 행복이 너무나 많다.
나는 행복불량자가 되었다.
돈은 일을 하면 벌 수 있는데,
행복은 어디서 어떻게 벌어야 하나.

장미울타리

감히 들어갈 수 없는 곳에
향기로운 꽃들이 즐비해있다.

피를 흘리면서 손을 뻗어본다.
한 송이라도 꺾어서 가져가고 싶기에.

아, 맞다. 나는 저 꽃을 꺾을 자격이 없구나.
그럼 꽃가루라도 훔쳐가야겠다.

가짜 꽃이라도 피우기 위해서.

인질극

나는 나를 인질로 잡았다.
인질을 해방시키는 조건으로 위로를 받았다.
물론 서로 거짓이었다.

억지로 쥐어짠 위로, 아직도 잡혀있는 인질.
괜찮다.
거짓과 거짓이 만나면 진실이 되니까.

그러니까 나는 위로를 받은 것이다.
그렇게 생각하기로 했다.

별, 달, 호수, 꽃

우리에게는 없으니 어딘가에는 있겠지.
별을 주울 수는 없으니 별이 하늘을 날겠지.
달은 홀로 뜰 수 없으니 춤을 추겠지.
호수를 가를 수는 없으니 잔잔하겠지.
꽃을 꺾을 수는 있으나 시들어버리겠지.

어디에도 없으니 우리에게는 있겠지.
그래서 우리의 사랑은 별이고, 달이고, 호수고, 꽃이야.
별을 따지는 못 해도 마음속에 품었으니.
달이 매번 모습이 바뀌어도 우리는 우리니.
호수가 잔잔하기에 우리의 보금자리니.
꽃은 결국 시들었지만 작은 손에서 일순간 피었으니.

교차

너는 웃는 법을 아는 대가로 눈물을 얻었고,
나는 우는 법을 잊는 대가로 웃음을 잃었다.

너는 행복을 느끼기 위해 불행을 수용하였고,
나는 불행을 피하기 위해 행복을 포기하였다.

너는 나처럼 되고 싶다고 했지.
나는 네가 나처럼 되지 않았으면 좋겠어.

나는 너처럼 되고 싶다고 하면
너는 어떤 표정을 지을까.

에필로그

너의 마지막 숨결이 닿은 곳에는 어떤 꽃이 필까.
너를 먹고 자란 생물들은 반죽이 된 너를 어디에 흩뿌릴까.
어떤 형태로든 이 세상에 끝없이 존재할 수 있을까.

그럼 나도 이 페이지를 마지막으로 책을 덮지는 않을게.
세상에 둘 밖에 없는 기억이니까.
우리가 우리였다는 유일한 증거니까.
수 없이 계절이 흘러도 여전히 간직하고 있을게.

김한호 시집
서른 살에 죽으려고 합니다

초판 1쇄 발행 / 2026년 1월 26일

지은이 / 김한호
펴낸이 / 윤미경
펴낸곳 / 도서출판다인아트
출판등록 1996년 3월 8일 제78호
인천광역시 중구제물량로232번안길 13
tel. 032+431+0268 / fax. 032+431+0269
e-mail. dainartbook@naver.com

인쇄 / 한컴인쇄
제본 / 대한제책

ISBN 978-89-6750-175-4 (03810)